BAD BADTZ

U0028736

酷讀君主論

Ichigo Keywords

即便身處逆境，仍能掌控命運的能力

朝日文庫編輯部—著　　**三麗鷗**—肖像著作　　**陳瑆**—譯

序言

文藝復興時代
馬基維利曾擔任翡冷翠的書記官
當時相當繁榮的翡冷翠
與其他國家的紛爭永不停歇。

馬基維利向領主獻上了《 君主論 》
內容論述如何以君王的身分治理人民
還有為了獲得保衛自己國家的力量，
之所應該有的態度以及技巧。

書中記載了現代也能夠通用的技巧
包括使人際關係圓滑
預防麻煩發生，或有能力處理目前的事件等等
培養實力與靈活的技巧。

酷企鵝將來的夢想
是成為一位大老闆。

集結同伴並受人信任、
即使遇到危機也不低頭
朝著目標努力前進
為了培養這樣的能力……

跟著酷企鵝一起來學習
《君主論》吧！

12　彼此信任是一切的根本。

15　變化是難以產生的，
　　然而一旦發生的話，就會輪番出現化學反應。

16　要是持續待在安逸的環境中，就會忘卻變化這件事。

17　「 若是替換掉領頭者，情況一定會變得比現在好 」
　　好好思考這麼一句話吧。

18　微小的事情也可能會對某人產生重大傷害。

19　待在能夠如實傳遞內心話跟氛圍感的地方吧。

20　若只是一心眺望，就會漏看禍源之始。

21　輕微的壞心眼跟冷淡的態度，
　　總有一天會報應在你身上。

22　為了緩解不滿的情緒而原諒所有事物的話很危險。

23　要時常想像在遙遠未來似乎會發生的所有麻煩。

24　若是傷害了別人，就要懷著做到底的覺悟。

26　對於無法避免的爭端，
　　要抱持「先下手為強」的想法來面對。

27　一旦優柔寡斷，壞事情就會自動到來。

28　用心培養的人也有可能哪一天成為你強勁的對手。

29　就算對他人的成功例子依樣畫葫蘆，
　　不但不會有相同的結果，也無法超越對方。

30　目標訂得愈高愈好，將偉大的人奉為圭臬吧。

31　不論掌握或放走眼前的機會，都取決於你。

32　若是拿不出實際的成績，別人不會認真相信你。

33　要靠自己的力量攀爬上來，還是被他人拉上去？
　　你是哪一種人呢？

34　人的心情變幻無常。要捨得花工夫維護與對方的關係。

35　為了與非凡的成功以及變強後的自己相遇，
　　努力越過難關吧。

36　拋棄舊習慣跟障礙，從零開始建造新的一切吧。

37　僅憑著「運氣」就算成功了，
　　接下來也只會充滿艱辛而已。

38 要立於人上的話，才能、蓄養力量的時間
以及訓練都是必要的。

39 不要比較、不要焦急。首先得好好地把根基紮穩。

40 不管何時開始都不算遲。持續學習最好學會的、
尚且不足的事情吧。

41 即使覺得乏味，也要認真看待「基礎」這件事。

42 總是會有不得不「殘酷」的時候。

43 不安、沒有自信，這樣的人會變得有攻擊性。

44 人的優點，是應該值得一再去稱讚的。

45 不論好事壞事，都可以馬上應對地身處同儕之中。

46 和人相處時不去計較得失，
能夠讓你打從心底信賴的人是千金不換的寶物。

47 你溫暖的言詞，能夠成為解除他人警戒心的契機。

48 去結交不論順境逆境都能支持你的可靠朋友吧。

49 全盤仰賴他人者，當來到緊要關頭時，
任誰都不會聽取他的意見。

50 當你一帆風順的時候，大家都會聚集在你身邊。

51 當你被迫立於苦境時，又是誰會留在你身邊呢。

52 相較於有力之士，優先確實結交身邊的人更形重要。

53 如果做好萬全的準備並與夥伴同在的話，
不管面臨怎樣的狀況都能積極地出擊。

54 當你只會仰賴他人的力量時，
生活方式的選項就會跟著狹隘。

55 竭盡全力的對象不知為何，令人感到憐愛。

56 過於信任有能者是很危險的，有可能被背後捅刀。

57 即使是自己挑中的人，若是對方不符合期待的話，
還是放開手比較好。

59 重質不重量吧，少數精英比較能隨機應變。

60 要以絕妙的平衡來控制夥伴的幹勁。

61 為了把力量發揮到極致，整頓環境吧。

62 當尋求幫助之時，要慎重地看清對象。

63 在尋求他人力量之前要先反求諸己，將可能性擴大吧。

64 自己的命運自己決定，無法假手他人。

66 不管紙上空談了什麼內容，都無法觸碰到人心。

67 正是眼睛看不到的部分，才要小心慎重地處理。

68 若是想被人尊重，就要汲取許多經驗，
並且比任何人更加努力。

69 吸收知識並靠自己思考，而後迅速將其實踐。

70　當你感到迷惑或想改變的時候，
　　一本書能成為你的路標。

71　理想和現實之間當然會存在著間隙。

72　不要老是刻劃著輕鬆的未來，
　　好好看著眼前吧。

73　與各種類型的人來往，以獲得「免疫力」吧。

74　壞名聲容易一傳千里，要對自己的言行負責。

75　就算遭到誤解，也要做好你該做的事。
　　你的真心真意有天一定會傳出去的。

76　一花起錢來就不會節制，過著符合身分的生活吧。

77　能省則省，為了大家的笑臉而動用那些積蓄吧。

78　捨棄掉微不足道的派頭，光明正大地當個小氣鬼吧。

79　來者不拒的話就會失去一切。

80　你是不是曾經無意識地傷害過對你全心全意的人呢？

81　錯誤的同情並不是為了對方好。

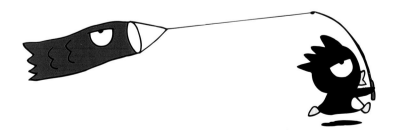

83　要取回一度失去的信任是非常困難的。

84　不要流於「情面」，必須貫徹自己的角色。

85　拿出毅然的態度，靈活地運用糖果與皮鞭吧。

86　勿莽撞而行，勿輕易過度信賴他人，
　　然而也不要懷疑過頭。

87　被喜愛與受人恐懼是一體兩面的事情。

88　人類本來就很容易被感情所左右，偽善又充滿慾望。

89　因為利害而締結的關係一遇到緊要關頭，就會不可信任。

90　即使認為這個角色不討好，
　　反而更要呈現令人生畏的樣貌。

91　當你嚴厲斥責他人時，要準備有說服力的理由。

92　即便遇到以怨報德的情況也不要在意，這是沒辦法的事。

93　唯有被憎恨的事物，無論如何絕對要避開。

94　不要被良好的評價或外表所迷惑，
　　靠自己的能力確認其本質吧。

95　根據不同的對象而改變應對方式，
　　是一門重要的技術。

96 不要太過相信口頭約定，它不一定會實現。

98 以「舞台女演員」的心情，隨機應變地飾演你的角色吧。

99 就算沒有自信，若能舉止坦然的話，就能改變人家對你的印象。

100 無論何時，都不要執著於事情的單一做法。

101 身段柔軟地對應時代及狀況的變化吧。

102 當正確的論點不被理解的時候，乾脆妥協也是一種選項。

103 優秀的人常兼備「五種氣質」。

104 首先從外表開始打造「想被這樣看待的自己」吧。

105 大部分的人都不看過程，只用結果來判斷。

106 一旦做好決策就不要輕易推翻。

107 即使沒有「力量」，「人」也會保護你。

108 真正的夥伴說不定是「那個人」呢。

109 在整頓形式之前，先整合同伴的心情吧。

110 首先從自己開始展現榜樣吧。

111 試著要置身中立，如同沒有決策力的人一般。

112 假若最佳的選項行不通的話，
那麼尋找第2、第3條路就好了。

113 盡量將事情託付給具有實力的人吧。

114 人是會被感情驅動的生物，
　　 成為能帶給人安心感的存在吧。

115 試著企劃能讓大家開心的活動吧。

116 看成員就能知道領導者的能力。

118 對自己來說缺之不可且不想放手的人才，
　　 要予以優厚的後援。

119 培養能掌握正確情報的眼光以及耳力吧。

120 正是在順利的時刻，才需要未雨綢繆。

121 人助之力不可靠，處理「萬一」的對策要靠自力訓練出來。

122 發生的事情，有一半是命運所造成，
　　 而剩下的一半是自己的責任。

123 從僅有一個的傷口開始，受災處接二連三地擴大。

124 命運是會變化的東西。配合著流向改變做法試試看吧。

125 過度慎重的話將會錯失時機，斷然的行動才是正好。

126 讓命運女神面向自己吧。

彼此信任是一切的根本。

想要完成某件事，你與周遭所建立的信賴關係將會是關
鍵因素。要有意識地採取密切的對話，不要忽略微小的
裂痕，及彼此之間是否有不合的感覺。

不管是想要維繫和目前相信你的大眾之間的關係，或是想要說服不
相信的人，能達到這些事的手法皆不存在。從而（略）就連去路也
一樣，所有的危險都橫擋在前。〔第6章〕

變化是難以產生的，
然而一旦發生的話，
就會輪番出現化學反應。

即便是巨大的變化，在一開始的時候也會難以見到徵
兆。不過，一旦發生了某個改變，下一個變化也會迅速
產生。假使有想要大幅改變的事物的話，首先就從小事
開始著手吧。

所謂革新這種事情，一旦發生了就一定會構築下一次的變革，而後
在岩石平原留下垛牆。〈第2章〉

要是持續待在安逸的環境中，
就會忘卻變化這件事。

持續的時間越長，想停止時的反動力也會跟著增強。為
了接受新的事物，巨大的能量將會是必要的。但若是希
望自己能成長的話，就不要忘卻那顆毫無恐懼地挑戰新
事物的心。

若是王位從古至今連綿地傳承下來的話，革新的記憶及動機都會消
失。〈第2章〉

「若是替換掉領頭者，
情況一定會變得比現在好」
好好思考這麼一句話吧。

假若將領頭者代換成別人的話，狀況就會好轉。我很能
理解想要這麼思考的心情。然而實際上，即使替換掉上
位者，也會有期待落空的時候喔。

民眾期望狀況比從前好，挺身而出想代換掉當政者，而這樣的信念
促使民眾向執政者拿起武器。〈第3章〉

微小的事情
也可能會對某人產生重大傷害。

在你不注意的時候，也許會一點一點地對他人造成傷害
及痛苦。總有一天對方會忍無可忍，在造成無法挽回的
事態之前，回顧你的言行吧。

產生事態變革的另一個原因是，（略）由於征服時牽扯的其他數不
盡的加害行為所致，居民的心無論如何都會被傷害，這也是常見的
必然性所致。〈第3章〉

待在能夠如實傳遞
內心話跟氛圍感的地方吧。

不論工作或是朋友關係，正是因為近在身邊，人們的真
心話跟流露的氛圍才能夠傳達給彼此。即使產生誤解或
是行為有錯，若是在身旁就能就近立刻應對，與對方的
關係也會變得更深厚。

倘若住在現場的話，即使產生不平靜的氛圍也會察知到，並且為此
快速地訂立善後對策。〈第3章〉

若只是一心眺望，
就會漏看禍源之始。

僅僅囫圇吞棗別人傳來的情報或是報告，而離事發現場
很遠的話，將會注意不到重要的事情。盡量前去「該現
場」，如此一來也能夠提早針對禍秧作出應對。

因為若是與事發地點相隔遙遠，暴亂擴大規模時才終於聽到消息，
你將會變得無策可施。〈第3章〉

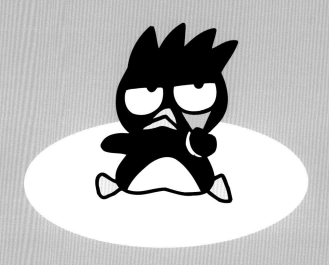

輕微的壞心眼跟冷淡的態度，
總有一天會報應在你身上。

即使本人早已忘卻自己失禮的言行以及態度，但對方可
會一直記得。而後，存在著一種可能性，那就是於未來
的某一天，這一切將變成數倍返還予你。要把將來也一
併考慮進去，慎重地行動。

人們會對小小的侮辱作出報復（略）。〈第3章〉

為了緩解不滿的情緒
而原諒所有事物的話很危險。

為了不讓對方不滿而賦予他不合身分的職位或權限的
話，也是會有對方無意間就反抗自己的風險。給予能夠
滿足對方、身分恰好的地位才是高明的做法。

對於弱小的國家，不要使其擁有極端巨大的勢力或權限。（略）若
是一個個擊破強國的話，將可成為這區域無可非議的霸主。〈第3
章〉

要時常想像在遙遠未來
似乎會發生的所有麻煩。

繁忙時眼前的問題堆疊成山，也容易延誤更往後的事情。不過能幹的人對將來可能會發生的問題，也會在做出預設之後認真地擬出對策。

所謂名君應該要看的不僅只是眼前的不和，也該要關切遙遠將來的不和，必須傾所有的努力，為將來的紛爭作準備。〈第3章〉

若是傷害了別人，

就要懷著做到底的覺悟。

假若無論如何都會使他人受傷的話，就要心懷覺悟，冷酷地實行到最後。在歷史上留名的戰國時期武將，也曾留下毫不留情地將戰鬥對手及其家族逼上絕路的插曲。杜絕將來受人報復這件事，是為了保護自己所必須具備的智慧喔。

加害於人之時，必須做到不用怕被報復。〈第3章〉

對於無法避免的爭端，
要抱持「先下手為強」的想法來面對。

「希望能夠盡量不起爭鬥，停留在息事寧人的現狀」只
要像這樣一猶豫，就會變成對對方有利的情況，也會讓
事情變得更難以解決。當你擁有無論如何都不想退讓的
重要事情時，請準備好跟對手正面對決、與之一戰的勇
氣吧。

戰爭是無可避免的，因為熟知躊躇只會讓敵方得益。〈第3章〉

一旦優柔寡斷，
壞事情就會自動到來。

「只要靜靜等待，幸福自然會來」雖然有這麼一句話，
但是只採取等待的動作，不僅不知道接著會有什麼事
情，也難保你能掌握住冀望的未來。用進攻的姿勢採取
行動，說不定能獲取更大的幸福。

若是等待時機的話，總會有某些事件出現。不管是好事或者壞事，
終有一天會來。〈第3章〉

用心培養的人也有可能

哪一天成為你強勁的對手。

對每件事都認真以待的努力者，會獲得成功的結果。指
導著那樣的後輩，謹慎地給予評價與地位，是一件正確
的事。然而，也不要忘卻對方可能成為你對手的那份緊
張感。

使他人偉大之人將會自滅。〈第3章〉

就算對他人的成功例子依樣畫葫蘆，
不但不會有相同的結果，也無法超越對方。

當你要挑戰某件事的時候，光只是直接模仿有經驗者的
做法是不會順利的喔。能力這東西人人不同，一邊參考
著成功的例子，一邊思考自己專屬的方法吧。

大部分的人總是踏著其他人曾走過的道路，模仿著前人的行動前
進。這麼一來（略）無法擁有和目標人物相同水準的力量。〈第6
章〉

目標訂得愈高愈好，
將偉大的人奉為圭臬吧。

若是身懷想要成功、想要成長的願望，就把自己憧憬的
成功者跟偉人訂為目標吧。隨著瞄準的東西愈高，即使
達不到目標線，你自己本身也會自然地到達更高的層
級。

若是聰明的人就會探尋古聖先賢所走過的足跡，正因為偉人卓越非
凡，才常常被當成榜樣看待吧。〈第6章〉

不論掌握或放走眼前的機會，
都取決於你。

讓你挑戰新事物的機會，不會那麼頻繁地到來。在你迷惘的時候，機會有可能就被其他人搶走了。比起自信的有無，擁有「來做吧！」這樣的氣勢才是成功的第一步。

若是機會沒有到來的話，他們心中應該也不會湧生出氣魄，要是沒有那份氣魄，即使機會在眼前，應該也沒有意義吧。〈第6章〉

若是拿不出實際的成績，
別人不會認真相信你。

人比起從未見過的新事物，較容易信任習慣且熟悉的做
法與過去的實際成績。不要想一口氣地推行事情，先從
小小的成功開始累積吧。這麼一來，終將會得到他人確
實的信任。

總而言之，人類的猜疑心，是來自於累積出確實經驗之前，不會真
心相信對方的那份心情。〈第6章〉

要靠自己的力量攀爬上來，
還是被他人拉上去？
你是哪一種人呢？

當目標是上面的位子時，有只相信自己的力量攀爬上去
的類型和借助他人被拉上去的類型。即使現在這兩種類
型的人處於相同的立足點，但日後差距會顯現出來。

將改革訂為首要目標的君王，必須清楚檢視是要靠自立而為，還是
要仰仗第三者來達成目標。〈第6章〉

人的心情變幻無常。
要捨得花工夫維護與對方的關係。

即便經過重重說服才好不容易獲得對方接受，一旦時間
推移，有時候對方的心念也會改變。要像看待重要的事
一般心懷謹慎，不要懈怠這份挽留對方心情的努力。

儘管說服民眾接受某件事情很簡單，但讓民眾維持堅信不移的心態
卻很難。〈第6章〉

為了與非凡的成功
以及變強後的自己相遇，
努力越過難關吧。

雖然像是高聳的屏障一般，令人心生畏懼，但是這裡卻
是「決勝點」所在，請你下定決心。不要在意他人的眼
光，不斷持續嘗試與失誤。這份努力一定會成為你的力
量。

一旦克服了那些危險，消滅了忌妒自己地位的人後，開始受到尊
敬。他們的勢力會增強、穩定並且得到榮耀與繁榮。〈第6章〉

拋棄舊習慣跟障礙，
從零開始建造新的一切吧。

長年延續的做法，有時候會變得不順利。要是與現在的
環境不合拍，那就下定決心全部重來試試看吧。從零開
始著手的效率會比較好，而且完成度也會變高喔。

破除舊軍制，創建新的制度，拋棄舊友而結交新盟友。（略）在這
樣的基礎之上，能夠隨意地建造任何建築物。〈第6章〉

僅憑著「運氣」就算成功了，
接下來也只會充滿艱辛而已。

有人退讓而使你到達想望的地位，或是明明未經練習，
但所使出的厲害技法一次就成功等等。即使偶然被好運
所眷顧，這情形也並不安穩。過於仰賴運氣是不行的
喔。

只是受惠於運氣而當上君王的人，即使不經勞苦而得到王位，在維
持國家上仍會遭受巨大的苦難。〈第7章〉

要立於人上的話，
才能、蓄養力量的時間
以及訓練都是必要的。

有身處下位時覺得不甚合理的事情，也有一旦自己身居
高位才首次能理解的事情。因為無論何人都有著坐擁高
位的可能性，來培養你的經驗與能力吧。

一個始終過著平民生活的人，若是沒有傑出的才能和力量的話，不
明白如何下達命令也是必然的。〈第7章〉

不要比較、不要焦急。
首先得好好地把根基紮穩。

如果一萌芽就不合理地急著讓它成長，嫩芽就會輕易地
被強風驟雨所掃倒。首先要好好地紮根以及建造根基
吧。這麼一來，無論暴風或大雨都嚇不倒它喔。

突然建造起來的國家，恰似自然的恩惠（植物）這東西，一旦孕生
就馬上快速地成長。在還沒有根深柢固的時候，就被第一場壞天氣
擊潰了。〈第7章〉

不管何時開始都不算遲。

持續學習最好學會的、

尚且不足的事情吧。

不管是工作或者興趣，為了在該領域更上一層樓，用功與練習是不可或缺的。「我比那個人還差」「說不定我對這個領域很不拿手」，冒出這些念頭的時候，正是能令你成長的機會。請不要放棄，不斷地努力學習吧。

在成為君王以前就奠定好的基礎，即使往後延，若無持續下去的能力也是徒然。〈第7章〉

即使覺得乏味，
也要認真看待「基礎」這件事。

沒有比基礎練習這種東西還無聊的事。但是，就算你沒
有做好基本功而進入下個階段，一定也無法隨心所欲。
先穩穩地把基礎做熟吧。

人啊，若是不在剛開始的階段就進行基礎工程的話，即便等到往後
再奠造基礎，也將需要莫大的努力。〈第7章〉

總是會有不得不「殘酷」的時候。

可以的話，希望能一直和平下去，大家和睦相處就好
了。但是總不免遇到被必要的形勢所迫，而必須心懷嚴
酷覺悟的情形。一旦做出了決斷，在事過境遷之後就不
要再猶豫徘徊，回到一如往常的狀態吧。

如果基於守護自己立場的必要，而將這份殘酷一鼓作氣付諸實行，
那麼事情過後就不要再繼續遵循，盡量改回能為臣下帶來利益的做
法（略）。〈第8章〉

不安、沒有自信，
這樣的人會變得有攻擊性。

當戀人、家庭關係或是工作進行得不順利的時候，有的
人會把煩躁和不安的矛頭指向毫無關係的對象。光是認
真接受那種人的態度是沒用的，輕鬆地把它當作耳邊風
吧。

懦弱膽小、聽從錯誤的建言、反其道而行等等。這樣的人總是短劍
不離手。〈第8章〉

人的優點，
是應該值得一再去稱讚的。

人類是會為了稱讚自己的對象而考慮努力的生物。不要
覺得褒獎或感謝的話只說「一次就夠了」，請再多說幾
次吧。這就是能令你的對象常保積極動機的秘訣。

所謂恩惠必須一點一點地給，才能讓人品嘗到更好的滋味。（第8
章）

不論好事壞事，
都可以馬上應對地身處同儕之中。

要是成為負責統整隊伍的角色，就要關心每位成員的動
向。防患問題之源於未然，迅速地應對麻煩。同樣為了
能夠如此，無論何時都要身處同儕之中。

君王最重要的是和自己的臣民生活在一起，不管結果好壞，這是為
了不讓緊急情況左右自己的行動。〈第8章〉

和人相處時不去計較得失，
能夠讓你打從心底信賴的人
是千金不換的寶物。

一旦變成大人，商務性質的表面關係就不會少。在那樣
的情況下，能與你真心互相信賴的人就顯得很珍貴。要
是與能夠打從心底為你想的人相遇，就永遠地珍惜對方
吧。

若是有個人能牢牢地與你相繫，並且毫不貪婪的話，就必須讚賞並
珍惜他。〈第9章〉

你溫暖的言詞，

能夠成為解除他人警戒心的契機。

被討厭你、對你評價很低，且懷著戒心的對象意想不到
的溫柔對待的話，會頓時產生親切感。不要疏遠對你態
度彆扭的對象，從自己開始實行能獲得人心的行動吧。

所謂的人類，一旦遭遇危難，而從心中所信任的人那邊獲得恩惠的
話，那麼對施予他恩惠者的感恩之情，是數以倍計的。〈第9章〉

去結交不論順境逆境
都能支持你的可靠朋友吧。

沒有什麼存在比不論順境或逆境都保持不變幫助自己的
夥伴更安心了。若是對方困擾的時候，幫能力所及的
忙，且一定要遵守約定。要記得這麼一來，就能建立雙
方都將彼此視為必要的關係。

賢明的君王不論何時、何種事態，都必須能建立方策，令市民們感
到現有政權及君王皆為絕對必要才行。〈第9章〉

全盤仰賴他人者，
當來到緊要關頭時，
任誰都不會聽取他的意見。

無論何事都交給別人做，自己卻動也不動的這種人的意
見，在緊要關頭的時候，應該是誰都不會認真去傾聽
的。比起空有頭銜的上司，人會服從平日就很可靠的對
象。

迄今都慣於聽從長官命令的市民或領民，在面臨非常事態之際，是
不會聽取君王的命令的。〈第9章〉

當你一帆風順的時候，
大家都會聚集在你身邊。

成功者的周遭，會聚集著各式各樣的人。有打從心底珍
視你的，到想沾你成功的光而靠近你的人。要注意為圖
利益而誇大其詞的對象。

在離死亡還相當遙遠的時候，不管是誰都會説要為君王獻身而在所
不惜。〈第9章〉

當你被迫立於苦境時，
又是誰會留在你身邊呢。

當成功者一旦處在頹勢，身邊的人就會像退潮一般的消
失。你認為最支持你的人說不定也會對你態度冷淡。要
真心的珍惜無論何種狀況都會留在你身邊的人。

當風向突然改變，君王真的很需要市民的時候，這種人相當的少
見。〈第9章〉

相較於有力之士，
優先確實結交身邊的人更形重要。

比起向上司或前輩等「有力之士」獻媚，珍惜同事或後
輩等立場較弱的人更能獲得人望。若能結交許多夥伴，
就算身處逆境的時候也能克服。

君王必須把民眾當成夥伴才行。若不這麼做，在身處逆境的時候，
勢必束手無策。〈第9章〉

如果做好萬全的準備並與夥伴同在的話，
不管面臨怎樣的狀況都能積極地出擊。

不論是想要勝出或者冒險成功，擁有充分的準備以及能
夠支持你的夥伴都是必要的。若是有所準備，就能夠安
心並積極地前行，而那些夥伴只能靠自己發掘。

那些靠自己的力量防衛的國家，仗的是豐富的人力資源以及財力來
整備適切的軍隊，不論面臨怎麼樣的侵略者，在哪裡都能夠應戰。
〈第10章〉

當你只會仰賴他人的力量時，
生活方式的選項就會跟著狹隘。

借力於他人並不是什麼壞事。但是過於依賴的話，就無法自立自強。為了自由的活得像自己，在精神或是經濟兩方面都培養起自立心吧。

經常需要借助第三者力量的那些國家，無法立於戰場與敵人對峙，只能封城自困地迎戰敵人。〈第10章〉

竭盡全力的對象不知為何，

令人感到憐愛。

很不可思議地，比起珍惜自己的人，人更愛自己竭盡所
能的對象。「因為我是如此關心，所以應該總有一天會
有所回應吧」，有著這樣的期待吧？

所謂的人類，不論是領受恩惠或是施加恩惠，都還是會感覺到恩義
的存在。〈第10章〉

過於信任有能者是很危險的，
有可能被背後捅刀。

若是因為有著能力強的人在支持，就放心地全盤交給對方，是件危險的事。因為可能會由於某些轉折而導致對方變成你的敵人。不但熟知你的一切又擁有能力，再沒有比這樣更可怕的敵人了。

假設對方擁有卓越的才能，那就不可去信賴他。（略）因為對方可能會違背你的意志，甚至用其他勢力來制壓你，他們通常會冀望自己能夠高升。〈第12章〉

即使是自己挑中的人，
若是對方不符合期待的話，
還是放開手比較好。

即便你信心滿滿地推薦擔負重要職位的人選，若是他無
法在團隊中勝任，說不定會令你感受到人情與責任的壓
力，猶豫著是否要放棄他。不過，即使可能遭人厭惡，
面臨抉擇的時候也必須有個決斷。

假若選拔出的市民並非賢能的人，那麼更換他也是勢在必行的。
〈第12章〉

重質不重量吧，

少數精英比較能隨機應變。

雖說是很大的專案，也不要隨意地召集人群。要選拔出
能夠達成計畫、人數最精簡的夥伴。「少數精英」不但
能減少徒勞無功的情形，也才能夠進行高效度的溝通，
也會跟著有更深一層的連結喔。

在可管理的範圍內，且有名望，又是少人數的就只有騎兵隊而已
了。〈第12章〉

要以絕妙的平衡來控制夥伴的幹勁。

在工作或運動，若為了要導引出同伴最大的力量，要追究的就是領導者的能力。重要的是明確地傳達方向性以及工作的分擔狀況，靈巧地加以控制，讓團隊能夠向著目標前進。

反過來說，在有能力的狀況下，為了不偏離目標，必須用法律來施予壓制才行。〈第12章〉

為了把力量發揮到極致，
整頓環境吧。

若是有擔心的事或是心懷不安的話，就不太能夠在原本
的工作上集中精神。要打造一個為了讓大家心情好，並
且拿出全力工作的環境，也是件重要的事情。假使有人
面露疲憊、愁容不展，那就仔細地聆聽他的意見吧。

他們拚了命地付出努力，以自身為根本，卸下了士兵們的勞苦以及
恐懼心。〈第12章〉

當尋求幫助之時，
要慎重地看清對象。

如果無論如何都無法靠自力克服困難的話，向他人求援
也是另一個方法。但是選錯人的話就糟糕了。在你失敗
的時候會像是把別人捲進這一切，而就算你成功了，也
會有把主導權交給對手掌握的風險，所以請多多注意。

援軍一旦打敗仗，你就會滅亡，而假若是贏了的話，你就會成為他
們的囚徒。（略）〈第13章〉

在尋求他人力量之前要先反求諸己，
將可能性擴大吧。

不要輕易地向他人借助力量，盡可能地以自己的力量決
勝負吧。為了能夠達成這個目標，要從平日開始學習各
式各樣的東西，不要怠於建立人脈。這麼一來你就可以
開創未來。

所謂賢明的君王（略）以自己國家的軍隊為基礎。且認為藉由他國
兵力得來的勝利不是真實的。與其憑靠著第三者的力量獲勝，更希
望獨力奮戰而失敗。〈第13章〉

自己的命運自己決定，

無法假手他人。

工作、情人、朋友、家人的問題，若是撒手不管、順其
自然的話，就可能會發生無法預料的事，將你的人生推
往意料之外的方向。無論發生什麼事，都要懷抱「自己
的事自己做決定」這種堅強的意念。

當狀況一旦處於逆境，因為缺乏能夠心懷自信地守護國家的力量，
無論什麼事都會任憑命運安排。〈第13章〉

不管紙上空談了什麼內容，
都無法觸碰到人心。

有那種頭銜跟講話內容都非常高尚，但實際沒做什麼了
不起事的人呢。就算被那樣的人說教，也會左耳進右耳
出。「若是想推動人做事，首先自己要先動起來」，銘
記這句話吧。

「在這世界上的所有事物之中，有權者不基於其本身之力而換來的
名聲是很脆弱的，而且一點也不可靠」這句話是古聖先賢所留下，
很有見地的箴言。〈第13章〉

正是眼睛看不到的部分，
才要小心慎重地處理。

拚命努力全是為了將外觀裝飾得美輪美奐，但卻不把經
費用在重要的柱子跟牆面上，偷工減料地蓋出一棟房
子。就算這樣的建築物外觀看來很氣派，但遇到災害
時，也只會輕易就崩塌。

當君王著重的東西不是軍力而是優雅之道時，失去國家是顯而易見
的。〈第14章〉

若是想被人尊重，就要汲取許多經驗，
並且比任何人更加努力。

總覺得周遭的人都把我看得很輕……之所以會有這樣的
感覺，就是因為你還沒累積足夠的知識以及實力。把這
份悔恨當成自己的彈簧，進行大量的學習、累積經驗
後，化身為大家都能仰賴你的人物吧。

不精通軍事之道的君王，（略）超過所有不幸的是不被麾下的兵士
們所敬重。〈第14章〉

吸收知識並靠自己思考，

而後迅速將其實踐。

學習外語或專業資格、運動或興趣，不論什麼事情，若
想要將其練至極致，每天的練習是不可或缺的。永遠都
不要忘記從眾多知識、立論當中學習，以及身體力行之
後所銘記在心的過程。

進行訓練有兩種方法，一種是親力親為而記住的事情，另一種則是
經由思考而體會到的心得。〈第14章〉

當你感到迷惑或想改變的時候，
一本書能成為你的路標。

單憑一個人的力量所獲得的知識與經驗是有其限度的。
然而若是透過書本的話，就能夠學習到許多知識以及優
秀者的生活方式。越是在你想要改變現狀的時刻、越是
對人生有所迷惘之際，就讀書吧。讀書能夠導引你進入
一個全新的世界。

君王熟習歷史書，透過讀書考察英雄豪傑的成功事蹟是重要的。
〈第14章〉

理想和現實之間當然會存在著間隙。

若是過於執著於理想而不面對現實，有時候會鑄下巨大
的錯誤。即使遠非理想，也從現有的當中做出最好的選
擇。這就是你接近理想的第一步。

人生活在現實中與人類應該如何生活是相差非常大的。〈第15章〉

不要老是刻劃著輕鬆的未來，
好好看著眼前吧。

夢想著「將來要成為這樣的人」這麼想是很重要。不過一旦光只會妄想「遙遠將來」，說不定會忽略了「現今」逐漸逼近的危機。首先要穩固的就是你的根基。

眼中只有人類理當如何生存，卻忽略人們實際生活的現實，懷著這種態度的人，別說自立了，想也知道結果會是迎向毀滅。〈第15章〉

與各種類型的人來往，
以獲得「免疫力」吧。

親切的人、壞心眼的人、坦率的人以及表裡不一者。世
界上存在著形形色色的人。鼓起勇氣也與不擅長相處的
對象往來，變得與任何類型的人都能應對吧。

不好的人佔大多數，他們常大言不慚地大肆宣揚自己的善行，這些
人終究會迎向毀滅。〈第15章〉

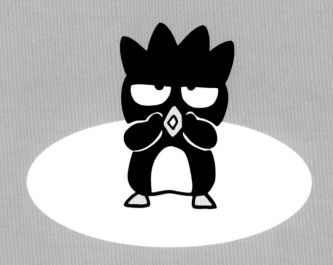

壞名聲容易一傳千里，
要對自己的言行負責。

不論多麼認真優秀又溫柔的人，也會存在硬要找出缺陷
而說他壞話的人。就算僅有一個失誤，也可能會有牽連
導致致命評價的情形。行為務必請慎重。

所謂的君王，必須小心去避開說不定會奪走其地位的惡德汙名。
〈第15章〉

就算遭到誤解，也要做好你該做的事。
你的真心真意有天一定會傳出去的。

即使遭到強力反對或受到批判，也要堅定持續地進行為
大家做的事。而其結果縱然在一時之間關係惡化，往後
人心也必定會回歸。

從內容看來似乎是有德之行，實施下去卻會帶來身之劫數，（略）
而就算表面上看來不是好的德行，也有可能施行起來反而會帶來安
全與繁榮。〈第15章〉

一花起錢來就不會節制，
過著符合身分的生活吧。

若是為了炫耀而一直掏腰包請周遭的人，把錢花在昂貴
的衣服、包包，以及在流行的餐廳外食的話，多少錢都
不夠用且會成為麻煩的來源。請留心要過著跟收入相襯
的生活。

在許多人當中，要得到慷慨的評價，必然無法擺脫與奢侈有關的
事。〈第16章〉

能省則省，

為了大家的笑臉而動用那些積蓄吧。

雖說要小心不要浪費努力工作賺來的金錢，試著有時為了別人而使用吧。用來買給雙親、手足或朋友的禮物不錯，捐款給困難的人也很好唷。

君王基於節約心（略）不增加民眾的負擔也能做出一番大事業（戰爭），若是一名以此著稱的人物，隨著物換星移，這種君王所得到的評價會變得愈來愈高。〈第16章〉

捨棄掉微不足道的派頭，
光明正大地當個小氣鬼吧。

越是取得成功的人，用錢的方式越嚴謹。那是因為他們
知道在意別人的眼光而擺闊的害處。若是想要在某件事
情上成功，首先就要從節約開始做起。

所有的偉大事業，只會藉由看似吝嗇之人的手完成。〈第16章〉

來者不拒的話就會失去一切。

你若是不拒絕他人拜託的事情、全盤接受的話,對方也
會不客氣地繼續要求你。而這樣一來的結果,就算你失
去了一切,對方也不會幫助你。在還可以回頭的時候,
拿出拒絕的勇氣吧。

在你把慷慨當成招牌的時候,總有一天你就會失去能自由運用的財
力。〈第16章〉

你是不是曾經無意識地
傷害過對你全心全意的人呢？

面對地位高的人或是偉大的人說話的時候，會小心謹
慎，在言詞的選擇上明明也很慎重，但是面對親近的對
象卻會直言不諱地說你想說的話。這只是因為對方不會
討厭你，所以你在向他撒嬌而已。請意識到「就算面對
親近的親友也要有禮貌」這句話。

比起對其心懷恐懼的人，人類是會毫不留情地傷害向你灌注愛情的
對象的。〈第17章〉

80

錯誤的同情並不是為了對方好。

出言安慰在工作上發生失誤而失落的人。然而,光只是
安慰對方的話,對方可能會再犯同樣的錯。跟對方一起
思考發生錯誤的原因以及對策吧。然後,推動對方也是
你身為夥伴的工作。

即使可憐對方,心中也必須隨時注意對待對方的方式不要馬虎。
〈第17章〉

要取回一度失去的信任是非常困難的。

以人而言不受尊敬之人所說的話，任誰都不會聽從吧。
要是你有一天站在立於人上之位，為了不被糊弄以及遭
人憎恨，首先必須回顧你每天的生活。

不受人所輕蔑以及不遭人憎恨，都是君王必須嚴謹戒慎的事。〈第
17章〉

不要流於「情面」，
必須貫徹自己的角色。

團隊之中每人分有各自不同的職位。領導者的角色是帶
領團隊成員達到目標拿出成果。「就算遭人嫌惡也沒關
係」，請你這樣毫不猶豫地下判斷，鞭策大家吧。只要
做法與結果相繫，自然就能聚集人望。

身為君王之者，為了使自己的領民團結、誓言忠誠，不該去在意自
己得到了冷酷等等的惡評。〈第17章〉

拿出毅然的態度，

靈活地運用糖果與皮鞭吧。

對身邊的人察言觀色，表現出模稜兩可的態度是發生混
亂的主因。假使後輩惹出最嚴重的失誤，就要毫不留情
地斥責他。掌握好節奏地與人應對吧。

因為相較起仁慈、招來混亂最終是殺戮與掠奪，任性妄為的君王，
冷酷的君主只在極少時刻展現其殘酷，是更為仁慈的存在。〈第17
章〉

勿莽撞而行，勿輕易過度信賴他人，
然而也不要懷疑過頭。

被感情所影響、不考慮先後而起身行動的人；立刻會相
信有利話語的人；因為知識淺薄而視野狹窄、疑心很重
的人，這些都是不好的「思考習慣」。請培養體諒對
方，冷靜思考的習慣吧。

不要輕易相信，不要輕而易舉行動、（略）必須要兼備思慮與人情
味、冷靜地推動事情才行。〈第17章〉

被喜愛與受人恐懼
是一體兩面的事情。

平時跟團隊夥伴像朋友一樣感情融洽,重要時刻則板起
臉來嚴厲處理,像這樣面面平衡是不太容易的。有時候
接受存在著「一條界線」這樣的寂寞感,說不定也很重
要呢。

比起被愛,受到恐懼要安全許多。〈第17章〉

人類本來就很容易被感情所左右，
偽善又充滿慾望。

全然清廉潔白的人這種事，在世界上是沒有的。不管是
誰都會有一、兩個缺點。若對其有自覺的話，就能控制
自己，也能保護自己不被帶著惡意的人所侵害。

說到底，人類是不知感恩、喜怒無常、佯裝老實的偽善者。人們甩
開近身危險、對利益沒有判斷能力。〈第17章〉

因為利害而締結的關係

一遇到緊要關頭，就會不可信任。

跟青梅竹馬、擁有同樣興趣的夥伴以及同事等等的人際
關係都一樣，有著各式各樣的模式。但是懷著「跟這個
人交際可能有好處」這樣打算的同伴，關係是很脆弱
的。要是一失去好處，羈絆終將會斷絕。

不是被其偉大或是崇高所吸引，而是以價碼買來的友情，（略）在
關鍵時刻是不可靠的。〈第17章〉

即使認為這個角色不討好，
反而更要呈現令人生畏的樣貌。

上至上司下至部屬都「是感情很好的朋友」這樣的團隊，最後會無法順利運行。要達成目標，具備「嚴謹把關的人」這樣的緊張感也是必要的喔。

民眾愛戴，這是他們擅自產生的。但被恐懼著，是君王刻意去使他們這樣的。〈第17章〉

當你嚴厲斥責他人時，
要準備有說服力的理由。

在嚴厲指導他人的同時，若只是流於感情而生氣的話，
被訓斥的對象心中就只會剩下反抗心而已。要去思考怎
麼樣的說法才能夠傳達你的意思，不靠感情用事而是以
理服人。毫無理由的斥責僅會留下憤怒罷了。

當你無論如何都非得壯士斷腕，採取嗜血行動的時候，就只有在擁
有適當的託辭和斥責動機的情況下才可以付諸行動。〈第17章〉

即便遇到以怨報德的情況也不要在意，這是沒辦法的事。

若是自己真心關懷的對象忘卻了恩情，沒有符合自己的期待來表達感謝的話，不免令人心灰意冷。雖然這可能會令人惱怒，但將這種事情斷然切割開來才能得到安寧喔。

因為人本就是邪惡的存在，只依靠著恩義所維繫的愛情，若是和自己有利害關係的考驗出現時，就會立刻遭受切割。〈第17章〉

唯有被憎恨的事物，
無論如何絕對要避開。

對人雖然沒必要特別被喜愛，但是只有「被憎恨」這件事避開比較好。當你受人怨恨的時候，會有經常被扯後腿的危險。「不引人憎恨而是令人生畏」這樣的程度是剛剛好的。

王假使不被愛戴也沒關係，但必須是不受人民怨恨且是被恐懼的存在。〈第17章〉

不要被良好的評價或外表所迷惑，
靠自己的能力確認其本質吧。

人很容易依據外表或第一印象來做判斷。跟自信滿滿又
積極的人比起來，沉穩低調的人比較難受到評論。但是
一個人會不會做事，光是憑表面印象是無從得知的。隨
著一起相處的時間增多，能夠讓你漸漸探知那個人的內
涵。

總的來說，比起實際舉起手去觸摸，人們常常會只憑據眼前所見來
做判斷。〈第18章〉

根據不同的對象而改變應對方式，
是一門重要的技術。

為了博得客人或是地位高的人對你有好印象，變得八面
玲瓏。因為這違背真心真意，感覺到「自己正在偽裝」
而陷入自我厭惡之中，這是沒有必要的。根據不同的對
象而改變應對、拉近距離的方法也是一門技術。

因為阿諛奉承的虛飾很重要，所以必須高明地佯裝老實、厚顏無
恥。〈第18章〉

不要太過相信口頭約定，

它不一定會實現。

「遵守約定」，這對人來說是理所當然的事。但是，其
中也會有許下無法實現的承諾亂開支票、善於逢迎的
人。對認識不久的對象不要過度相信，冷靜地仔細觀察
對方吧。

因為人類是邪惡的生物，所以不會忠實地信守與你立下的約定，因
此你也沒有必要去遵循與他人之間的情義。〈第18章〉

以「舞台女演員」的心情，
隨機應變地飾演你的角色吧。

在各式各樣的場合裡，不同的立場與職責有相對應的舉
止。在遇到緊張的場景時，試著以「舞台女演員」的心
情去跨越吧。說不定對手會被你完美的演技給騙過去
呢。

人是極為單純的，非常容易被眼前的必要性深深影響，因此，對想
騙人的人而言，容易發現受騙的人。〈第18章〉

就算沒有自信，若能舉止坦然的話，
就能改變人家對你的印象。

「這份好到底能不能被瞭解呢……」就算看似焦慮地表
示，這些話卻不會得到任何人的重視。不過，要是你自
信滿滿、充滿熱誠地說出那些話，別人應該會對你有興
趣的。對手心中對你的印象取決於你的態度。

好的秉性不見得要實際的齊備一切。重要的是，讓他人覺得你看起
來具有那些氣質。〈第18章〉

無論何時，
都不要執著於事情的單一做法。

基本上，擁有堅定信念以及方策是件好的事情。但是你
若過度固執，變得看不見周遭的話就很危險。隨著狀況
而調整原則，就算做法和你本來想的不同，還是要秉持
能接受良好事物的靈活度。

要能夠變化以及散發出完全相反的氣質，做不到這一點的話，至少
也要懂得改變的技巧。必須要有這樣的心理準備才行。〈第18章〉

身段柔軟地對應時代及狀況的變化吧。

一直以來都進行得很順利的事情也可能突然被逆風所阻
攔。一旦沒有當機立斷,就會很快地被時代所淘汰下
來。在時代變化之際你必須敏感地看清楚,並且準備好
應對吧。

順應命運指示的方向跟事態變化,必須懷抱變幻無常的心理準備。
〈第18章〉

當正確的論點不被理解的時候，
乾脆妥協也是一種選項。

對手明顯錯誤，而自己是正確的。當面臨這種情況的時
候，若是堅持正論的壞處比好處還多的話，雖然遺憾，
但就算心不甘情不願，也要考慮硬吞下對方的意見吧。

假若能夠的話，盡可能不要偏離好的事情，要是情況逼不得，也必
須要有跨進壞事的心理準備才行。〈第18章〉

優秀的人常兼備「五種氣質」。

優秀的人看起來具有「深厚的慈悲心、確守信義、表裡如一、具有人情味、虔敬」的特質。實際上，有沒有齊備這五種氣質，對他人來說無法實測。讓人看起來覺得「擁有這五種氣質」是很重要的。

必須刻意去讓人覺得你是擁有深厚的慈悲心、確守信義、表裡如一、具有人情味、對宗教虔敬的人物才行。〈第18章〉

首先從外表開始打造

「想被這樣看待的自己」吧。

人是一種會根據外表來下判斷的生物。然而內心這種東西，並不是那麼容易令人明瞭。正因為如此，刻意配合自己想給對方何種印象而做的化妝、服裝以及舉止，也是打造自己的重要秘訣。

全部人都單從外表來認識你，只有極少數的人能夠實際與你接觸。
〈第18章〉

大部分的人都不看過程，
只用結果來判斷。

就算比誰都還要早上班、加班到很晚、忘我地工作，要
是沒做出什麼成果，這些行為還是不會影響到你的評
價。但是若因為這樣放棄，一切就結束了。「總有一天
要讓你看看我的厲害！」，把這樣的憤怒轉化為成長的
力量吧。

普羅大眾通常只看表象，或是事情的結果來做出判斷。〈第18章〉

一旦做好決策就不要輕易推翻。

若你輕易變更決定的事情，馬上一筆勾銷的話，就會讓你看起來像個性情不定或是沒有決策能力的人。重要的事情不能單靠靈機一動來下決定。就算必須反覆的思前想後，也要為自己的發言負責任。

君王之所以遭人輕視，是因為他看起來陰晴不定、輕率、婦人之仁、膽小以及沒有決策能力。〔第19章〕

即使沒有「力量」，
「人」也會保護你。

就算在社會上有很崇高的地位，缺乏人望、受到孤立的
人，遭遇反彈的風險很大。另一方面，很受歡迎且深得
周遭信賴的人，很難輕易被妨礙。儘管沒有「力量」，
「人」也會成為他的護盾。

若是被民眾所支持、所寄予厚望，那麼不論是多麼莽撞衝動的人都
不會謀反。〈第19章〉

真正的夥伴說不定是「那個人」呢。

第一次見面的印象明明很差，有時候在一起相處時卻解開了誤會、看到對方的本質，建立強大的連結。反差越大，互相了解後的信賴關係就越容易建立。

有時候在政權最初的時候看上去令人懷有疑慮的人物，跟一開始就受到信賴的人比起來，忠誠心比較深厚，也更加能發揮作用。〈第19章〉

在整頓形式之前，
先整合同伴的心情吧。

光是幹勁十足地整頓職場的布局、工作的機制和規則等
等的架構。而最重要的是，所有在那邊工作的人若是提
不起勁來的話就沒意義了。在動手整頓形式之前，首先
要整合同伴們的心。

不論建構了怎麼樣的城池，若是遭到民眾怨恨的話，城池可拯救不
了你。〈第20章〉

首先從自己開始展現榜樣吧。

在教導別人事情的時候，比起用嘴巴進行各式各樣的說明，實際上做給他們看會更容易讓人理解。一樣地，若想要別人著手於宏大的目標，首先自己就要做出足以當做楷模的重要工作給他們看。這麼一來，你不但能受到尊敬，也能增加說服力。

君王要集眾望於一身，最重要的是著手進行恢弘的志業（戰爭），並且從自己開始做出難以比擬的榜樣示範給大家看。〈第21章〉

試著要置身中立，
如同沒有決策力的人一般。

當面臨兩種不同的意見或立場對立的時候，最好別因為
不想被捲入麻煩的漩渦，而抱持雙方都不選擇的態度。
沒有決策力跟因為怕麻煩而選擇逃避的人，都會遭到輕
視。

沒有決策力的君王，若實在想要迴避眼前的危機，在很多情況下會
選擇走中立的道路。〈第21章〉

假若最佳的選項行不通的話，
那麼尋找第2、第3條路就好了。

在有許多選項的情況下，雖然若有東西能夠滿足所有的
理想會很不錯，但實際上卻是行不通的。那麼一來，就
要慎重地去看清各自的優點及缺點，選擇最合理的選
項。

所謂思慮良深，就是能夠察知各種難題的特性，而且將弊害最少的
選項做為上策選出。〈第21章〉

盡量將事情託付給具有實力的人吧。

對數字很拿手的人、很有耐心的人、擁有調整力的人以及具有突破力的人。你的周遭一定有很多足以被任命於該領域的人。雖然找出在任何領域都很優秀的人十分艱難，但將各個的強大之處引出至最大極限後，編組一支堅強的隊伍吧。

「重用有實力的人物」，賞揚身具一技而傑出的人，必須表現出你支持著那些自身擁有力量的人才行。〈第21章〉

人是會被感情驅動的生物，
成為能帶給人安心感的存在吧。

人很容易被感情所左右，心理上的狀態會直接帶出結果。與懷抱著擔心的人商談，對沒有自信的人出聲鼓勵吧。「有人在守護著我」的這種安心感，跟幹勁環環相扣。

必須給大家勇氣，讓他們能夠安心地從事自己的工作才行。〈第21章〉

試著企劃能讓大家開心的活動吧。

為了統合團隊，偶爾也要製造能讓大家歇口氣的情境。
像是賞花或烤肉、聚餐等等這些大家都能參加，並且感
到開心的活動，這樣一定能令人看到彼此不同的一面，
身為團隊成員的羈絆會更加深厚，關係也會變得圓滑
喔。

在一年中適當的時分，召開祭典或是活動，民眾的心也會因此沉浸
其中。〈第21章〉

看成員就能知道領導者的能力。

若想知道某位領導者的力量，就去觀察他的「側近之人」吧。如果他的周遭有優秀的能人存在，那麼那個領導者就是名深具慧眼且能運用人才的人。要是他的「側近」都是些空口說白話的人，領導者也就只有那樣的程度而已。

要是側近都是有能且誠實的人，那麼將該位君王評價為一位聰明的人不會有錯。〈第22章〉

對自己來說缺之不可且不想放手的人才，要予以優厚的後援。

在與真正優秀的人維繫關係時，不要懈怠努力。要將對方安插於責任重大的地位，並給予很高的評價。在私下商談時也要友善的傾聽，維持彼此的信賴關係吧。

君王為了讓祕書官抱持忠誠心，會給對方名譽、使其生活優渥、給予恩惠、共有榮譽及責任義務，並且將其境遇納入考慮才行。〈第22章〉

培養能掌握正確情報的眼光以及耳力吧。

要從網路、電視、人們的謠言以及市井間滿滿的無數情報之中選出正確的資訊很困難。請你不要只聽些對自己而言方便的情報，找到可以信賴的情報來源等等，培養能掌握正確情報的技巧吧。

君王必須是個廣泛且自由的聆聽對象。而且，在詢問事情之上必須是位具有強大忍耐心、明瞭真實的聆聽者才行。〈第23章〉

正是在順利的時刻，

才需要未雨綢繆。

當狀況安定的時候，不會想去思考跟風暴有關的事。不
過晴天不可能永續長存。在風雲變色之前，正是在擁有
餘裕的時候，才要為最糟的情況做打算。

換句話說，在風平浪靜的日子裡，不去試想驚滔駭浪的情況，這是
人類共通的弱點──而且他們身處在平穩的時代中，同樣不會去設
想到天有不測之風雲的時刻。〈第24章〉

人助之力不可靠，

處理「萬一」的對策要靠自力訓練出來。

麻煩是避免不了的事情。若有在事前建立好對策這種情況的話，也會有在事情發生的那一刻尋求解決方式的情況產生。然而，請牢牢記住「一定有人會來幫助我」的這種天真思想，稱不上所謂的「對策」。

會有人前來幫助的這種事態，根本就不會發生。〈第24章〉

發生的事情，有一半是命運所造成，
而剩下的一半是自己的責任。

世上有許多事情是無法單憑己力所完成的。然而，把不
好的結果全部推給「運氣」的話，是無法成長的。懷抱
著「半是運氣，半是實力」的想法，全力處理事情吧。

假使命運任意地裁定了一半人類的活動，那麼最起碼剩下的一半或
將近一半，命運是交由我們所支配的（略）。〈第25章〉

從僅有一個的傷口開始，
受災處接二連三地擴大。

舉例而言，像是洪水發生的狀況。河水從堤防脆弱的地方滲入，使受災處漸漸擴大。這個例子用在人類身上也很符合。為了不以一個弱點為契機，一步步陷入惡性循環，盡量去克服你的弱點吧。

命運是種在我們還沒有抵抗力的時候，充分發揮其凶猛來勢的東西。在堤防或者河堰還沒有蓋好、看起來無法阻止的時候，架起武器攻過來。〈第25章〉

命運是會變化的東西。
配合著流向改變做法試試看吧。

「命運」是種經常會動搖的東西。一旦過於堅持自己的信條，就無法應對其變化，遭到淘汰。就算不對勁，但試著委身於洪流的話，說不定會遇見意想不到的幸運呢。

命運是種千變萬化的東西。人若是堅持於自己的做法，雖然在命運和人的走向一致的狀況下會成功，但是失敗時就會遭受不幸。〈第25章〉

過度慎重的話將會錯失時機，
斷然的行動才是正好。

無論任何人都不想失敗，若是存在著想守護的事物，就
會更加的慎重。然而，尋求完美的話會錯失機會。就算
還有些微的態勢尚未整頓好，也要擁有下定決心起跑的
那份果斷。

人啊，跟慎重行事比起來，果斷地前進比較好。〈第25章〉

讓命運女神面向自己吧。

只等待命運女神微笑的話，什麼也不會改變。像是硬逼她轉過頭來那般，改用強硬一點的手段試試看吧。比起慎重又冷靜的類型，女神說不定比較喜歡魯莽又熱情的類型呢。

因為命運是名女神，所以要征服她的話，制服跟打倒她都是必要的。〈第25章〉

酷企鵝讀君主論

作　　　　者	朝日文庫編輯部 Sanrio Company, Ltd. (1-6-1 Osaki, Shinagawa-ku, Tokyo, Japan)
執　行　長	陳君平
榮 譽 發 行 人	黃鎮隆
協　　　理	洪琇菁
翻　　　譯	陳瑈
美 術 總 監	沙雲佩
美術指導&設計	Yuko Fukuma
公 關 宣 傳	施語宸
國 際 版 權	高子甯、賴瑜妗

國家圖書館出版品預行編目（CIP）資料

酷企鵝讀君主論 / 朝日文庫編輯部著. -- 1版.
-- 臺北市：尖端, 2020.08

面；　公分

ISBN 978-957-10-8895-2(平裝)

1.馬基維利(Machiavelli, Niccolo, 1469-1527)

2.政治思想　3.君主政治

571.4　　　　　　　　　　　　　109003555

◎版權所有・侵權必究◎
本書如有破損或缺頁，請寄回本公司更換

出　　　　版	城邦文化事業股份有限公司　尖端出版 臺北市南港區昆陽街16號8樓 電話：(02)2500-7600　傳真：(02)2500-1971 讀者服務信箱：spp_books@mail2.spp.com.tw
發　　　行	英屬蓋曼群島商家庭傳媒股份有限公司 城邦分公司　尖端出版行銷業務部 臺北市南港區昆陽街16號8樓 電話：(02)2500-7600(代表號)　傳真：(02)2500-1979 劃撥專線：(03)312-4212 劃撥戶名：英屬蓋曼群島商家庭傳媒(股)公司城邦分公司 劃撥帳號：50003021 ※劃撥金額未滿500元，請加付掛號郵資50元
法 律 顧 問	王子文律師　元禾法律事務所　臺北市羅斯福路三段37號15樓
臺灣地區總經銷	中彰投以北(含宜花東)　楨彥有限公司 電話：(02)8919-3369　傳真：(02)8914-5524 雲嘉以南　威信圖書有限公司 (嘉義公司)電話：(05)233-3852　傳真：(05)233-3863 (高雄公司)電話：(07)373-0079　傳真：(07)373-0087
版　　　次	2020年8月初版 2024年8月1版2刷
I S B N	978-957-10-8895-2